GEWALTFREIE KOMMUNIKATION IM BERUF

Methoden für die konstruktive Konfliktlösung und professionelle Zusammenarbeit

Für die Arbeitswelt

50MINUTEN.de

GEWALTFREIE KOMMUNIKATION IM BERUF

Methoden für die konstruktive Konfliktlösung und professionelle Zusammenarbeit

Verfasst von Véronique Bronckart

Übersetzt von Mareike Lobeck

GEWALTFREIE KOMMUNIKATION IM BERUF

- **Ziel:** Verhaltensweisen für Gewaltfreie Kommunikation im Berufsalltag entwickeln
- **Anwendung:** Gewaltprävention, Konfliktsituationen konstruktiv lösen, Zusammenarbeit stärken und professionellen Umgang optimieren
- **Arbeitskontext:** berufliche Beziehungen, Teammanagement, Gruppenarbeit, Persönlichkeitsentwicklung, berufliche Entwicklung
- **FAQ:**
  - <u>Was ist Gewaltfreie Kommunikation</u>
  - <u>Wie kann mir Gewaltfreie Kommunikation helfen?</u>
  - <u>Ist Gewaltfreie Kommunikation nur in Konfliktsituation nützlich?</u>
  - <u>Wie kann ich Gewaltfreie Kommunikation einsetzen?</u>

- ◦ <u>An wen richtet sich Gewaltfreie Kommuni-kation?</u>
- ◦ <u>Welche Auswirkungen kann Gewaltfreie Kommunikation auf meinen Berufsalltag haben?</u>

EINLEITUNG

Sowohl privat als auch beruflich befindet sich jeder einmal in angespannten Situationen. Konflikte – von unterschiedlichen Zielvorstellungen bis hin zu Meinungsverschiedenheiten – sind meist emotional bedingt und sollten nicht ignoriert werden. Auch wenn sie alles andere als angenehm sind, geben sie dennoch Aufschluss darüber, wie wir kommunizieren, und haben dadurch einen positiven Effekt: Wir lernen aus ihnen, verändern uns und stärken unsere zwischenmenschlichen Beziehungen.

Allerdings neigen wir meistens dazu, uns in Konflikten unangebracht zu verhalten. Das kann noch negativere Konsequenzen nach sich ziehen als der Konflikt selbst; sprich gegen uns selbst oder den Gesprächspartner gerichtete physische oder psychische Gewalt. Dabei stellt sich die

Frage, warum wir so handeln und wie wir solche instinktiven Reaktionen auf Konflikte vermeiden können. Wie können wir unsere sozialen und beruflichen Kontakte so optimieren, dass wir harmonisch zusammenarbeiten können?

Die Methode der Gewaltfreien Kommunikation hilft, bei Problemen in zwischenmenschlichen Beziehungen durchdachte und konstruktive Lösungen zu finden. Indem Sie sich Ihrer Gefühle, Wünsche und Handlungen bewusst werden, können Sie den Teufelskreis der von Wut, Vergeltung und Gewalt geprägter, unangenehmer Wortwechsel durchbrechen.

GEWALTFREIE KOMMUNIKATION: DIE GRUNDLAGEN

Terminologie

Gewaltfrei zu kommunizieren bedeutet, seinem Gesprächspartner Empathie, Mitgefühl, Verständnis und Respekt entgegenzubringen. Dabei achtet man sowohl auf sich selbst als auch auf sein Gegenüber. Der Begriff „gewaltfrei" wurde mit Gandhis (indischer Morallehrer, 1869-1948) Widerstandsbewegung populär und bezieht sich auf Interaktionen, bei denen niemandem geschadet wird. Die Gewaltfreiheit beruht auf zwei Grundannahmen:

- Jeder Mensch hat Grundbedürfnisse.
- Jeder Mensch kann anderen gegenüber freundlich sein.

Definition

Gewaltfreie Kommunikation (GFK) ist ein markenrechtlich geschützter Begriff und bezeichnet die in den 1960er Jahren entwickelten Konzepte und Methoden des amerikanischen Psychologen Marshall B. Rosenberg (1934-2015). Dieser definierte GFK als eine Kommunikationsweise, die Sprache, Denkweisen und kommunikative Kompetenzen verknüpft und ermöglicht, beim Kommunizieren mit sich selbst im Reinen zu sein. Sie umfasst zwei Bereiche – das „Ich" und den „Anderen" – und gibt vier unumgängliche Schritte vor, die auf Beobachtung, Gefühlen, Bedürfnissen und Bitten aufbauen.

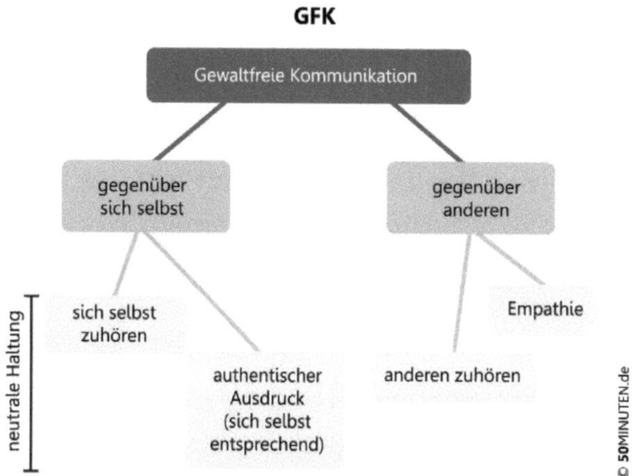

Ziel der Methode ist, die Kommunikation mittels der Entwicklung neutraler Verhaltensweisen zu verbessern. Zu diesen gehören zuhören, beobachten und die eigenen Gefühle und Bedürfnisse erkennen, ebenso wie die des Gesprächspartners. Dabei werden allerdings keine Regeln aufgestellt, die um jeden Preis eingehalten werden müssen. Vielmehr sollen Mittel und Wege gefunden werden, dank derer man sich wohlwollend ausdrücken kann.

Nutzen

> Wir haben zwar alle reden gelernt, können aber nicht zwangsläufig kommunizieren. Sowohl privat als auch beruflich werden unsere Beziehungen häufig zu Machtkämpfen.

Vor dem Hintergrund solcher Feststellungen soll Gewaltfreie Kommunikation dabei helfen, Verhaltensweisen, Bedürfnisse und Wünsche zu analysieren und besser auszudrücken. Sie ermöglicht es so, die eigene Kommunikationsweise zu verbessern und Konflikte konstruktiv und positiv zu lösen, indem Kompromisse ausgehandelt werden. Das mindert Rivalitäten und fördert stattdessen die Zusammenarbeit. Dies soll mittels authentischer Bestimmtheit erreicht werden: Man drückt also aus, was man fühlt oder sich in seinem tiefsten Inneren wünscht. Dadurch handelt man seinen eigenen Bedürfnissen und Werten entsprechend und es entstehen keine unbewussten Emotionen wie Scham, Pflicht- oder Schuldgefühle.

Die Einführung von Gewaltfreier Kommunikation in Unternehmen erhöht das Wohlbefinden der Mitarbeiter und damit auch ihre Leistung. Gerade in stressigen Phasen oder Krisenzeiten zeigt sie sich besonders hilfreich. Denn gerade in diesen Schlüsselmomenten ist positive Kommunikation zwischen Managern und Mitarbeitern wichtig, um ein vertrauensvolles Miteinander zu schaffen und zufriedenstellend zusammenzuarbeiten. Gewaltfreie Kommunikation beschränkt die Möglichkeit zu Machtspielen und löst Spannungen innerhalb des Teams. Gleichzeitig sorgt sie bei jedem Einzelnen für neue Motivation und lässt jeden mit sich selbst ins Reine kommen, wenn die Gefühle die Kontrolle übernehmen.

SCHRITTE ZUR GEWALTFREIEN KOMMUNIKATION

Für den Erfolg von Gewaltfreier Kommunikation bei der Lösung von Konflikten sind vier Schritte nötig: beobachten, seine Gefühle sowie seine Bedürfnisse ausdrücken und bitten. Die Einhaltung dieser Schritte ist essentiell.

Beobachten

Im ersten Schritt wird eine Tatsache oder ein konkretes Verhalten beobachtet, das das eigene Wohlbefinden betrifft. Dabei sollte man die Situation zunächst objektiv und wertfrei betrachten und sich dann die Frage stellen, was einen stört. So können verschiedene Punkte erkannt werden:

- objektive Beobachtungen (das, was festgestellt wurde, bevor daraus Schlüsse gezogen werden)
- Bewertungen
- Interpretationen

Die beiden letzten Punkte sind durchaus berechtigt, sollten aber mit dem Zusatz versehen werden, dass es sich um subjektive Einschätzungen und keine Fakten handelt. Mit anderen Worten sollten sie von den objektiven Beobachtungen abgegrenzt werden. Dabei wird empfohlen, den Gesprächspartner niemals zu verurteilen, da ihn dies kränken könnte und er in der folgenden Unterhaltung abblocken würde.

Empfohlene Formulierungen:
„Ich habe festgestellt, dass der Bericht noch nicht fertig ist." Bei dieser Aussage liegt der Fokus auf einer beobachteten Tatsache. Im Gegensatz dazu kann „Wie ich sehe, hast du den Bericht noch nicht fertiggestellt" als persönliche Kritik aufgefasst werden, die eigentlich bedeutet: „Du lässt dir mit dem Bericht zu viel Zeit, du bist schuld etc."

Genauso wird „Deine Akten sind nicht einsortiert" besser aufgefasst werden als: „Du bist wirklich unordentlich, deine Akten liegen überall herum!" Sie sollten auch vorzugsweise „Ich habe gemerkt, dass deine Verkaufszahlen diese Woche zurückgegangen sind" sagen, anstatt: „Du hast diese Woche keine guten Verkaufszahlen gemacht!", da dieser Satz eine Wertung der Fähigkeiten des Gesprächspartners enthält.

Ein weiterer wichtiger Aspekt liegt in der Unterscheidung der verschiedenen Konfliktarten:

- **Interessenkonflikt**: Menschen haben meist zahlreiche unterschiedliche Interessen, die in Widerspruch zueinander stehen und die Motivation des Gesprächspartners beeinflussen können.
- **Machtkonflikt**: Jeder versucht, seine Machtposition auf Kosten des anderen auszubauen.
- **Beziehungskonflikt**: Die Beteiligten haben unterschiedliche Auffassungen von ihrer Beziehung zueinander.
- **Gefühlskonflikt**: Die Gefühle der Gesprächspartner stimmen nicht überein.
- **Wertekonflikt**: Die Beteiligten haben unterschiedliche Weltanschauungen, Werte, Denkweisen oder Lebensstile.

Die Art des Problems festzustellen hilft in der Regel dabei, dieses zu lösen. Allerdings gibt es dafür kein allgemeingültiges Schema, vielmehr muss man sich an den jeweiligen Fall anpassen.

Gefühle ausdrücken

Im zweiten Schritt stellen Sie die Gefühle fest, die Sie in einer bestimmten Situation haben, und drücken sie aus, wobei Sie sie von Ihren Interpretationen und Beurteilungen abgrenzen. So fördert Gewaltfreie Kommunikation ebenfalls die Entwicklung von emotionaler Intelligenz, sowie das Beobachten und Teilen von Empfindungen (Überraschung, Neugier, Angst, Frustration, Traurigkeit etc.). Dabei ist es äußerst wichtig, dass Sie in sich hineinhören und verstehen, was Sie fühlen und warum. Wenn Sie sich selbst besser kennenlernen und behaupten, wird auch Ihr Gesprächspartner Sie verstehen. Denn es wird diesem leichter fallen, sein Verhalten zu ändern, wenn er weiß, was für Auswirkungen es auf Sie hat. Ebenso wichtig ist es, auch seinen Gesprächspartner seine Gefühle ausdrücken zu lassen.

Empfohlene Formulierungen:
„Ich habe festgestellt, dass der Bericht noch nicht fertig ist. Das beunruhigt mich, weil..."
„Ich habe gesehen, dass deine Akten nicht einsortiert sind. Das stört mich sehr, weil..."
„Ich habe gemerkt, dass deine Verkaufszahlen diese Woche zurückgegangen sind. Das beschäftigt mich, weil..."

TIPP

Haben Sie keine Angst, Ihre Gefühle auszudrücken, weil Sie Ihnen unangenehm sind oder Sie sich vor der Reaktion der anderen fürchten. Selbstbehauptung ist ein erster Schritt, um Lösungen zu finden, die Ihren Erwartungen entsprechen. Wenn Sie zurückhalten, was Sie wirklich empfinden, verschieben Sie das Problem nur auf später.

Bedürfnisse ausdrücken

Es wird gemeinhin angenommen, dass Situationen oder Ereignisse unsere Gefühle und Verhaltensweisen bestimmen. Dabei wird häufig außer Acht gelassen, dass unsere eigenen Bedürfnisse mit unseren Gefühlen und dem Verhalten der anderen verbunden sind. Daher ist es äußerst wichtig, seine Bedürfnisse, Frustrationen und Empfindungen zu erkennen, anzunehmen und auszudrücken. Sie machen sich spontan durch unsere Gefühle (Angst, Wut, Traurigkeit etc.) bemerkbar und können einen Spiegeleffekt auf den Gesprächspartner zur Folge haben. Wenn Sie bei diesem Empathie wecken, werden Sie in Ihrem Gespräch schneller miteinander übereinstimmen. Gewaltfreie Kommunikation ist aus diesem Grund ohne Austausch und aktives, empathisches Aufnehmen der Bedürfnisse des Gesprächspartners undenkbar.

> **Empfohlene Formulierungen:**
> „Ich habe festgestellt, dass der Bericht noch nicht fertig ist. Das beunruhigt mich, weil ich heute Nachmittag einen Kunden treffen werde, mit dem ich über den Bericht sprechen möchte...“
> „Ich habe gesehen, dass deine Akten nicht einsortiert sind. Das stört mich sehr, weil wir deswegen

> die einzelnen Projekte nicht so schnell finden…"
> „Ich habe gemerkt, dass deine Verkaufszahlen diese Woche zurückgegangen sind. Das beschäftigt mich, weil die für diesen Monat gesetzten Ziele so nicht erreicht werden…"

Verschiedene Aspekte können es uns erschweren, unsere Bedürfnisse auszudrücken: Bildung, die soziale bzw. familiäre Situation, in der man aufwächst, Schüchternheit, Angst, nicht die richtigen Wörter zu finden, um seine Gefühle und Bedürfnisse auszudrücken, Angst, kritisiert oder nicht verstanden zu werden etc.

Bitten

Im letzten Schritt formulieren Sie schließlich eine konkrete, realistische, positive Bitte. Mit einer offenen, nicht fordernden, sondern verhandelbaren Bitte kann schneller gehandelt werden, um den Bedürfnissen jedes einzelnen nachzukommen. Da Sie Ihre Bedürfnisse hier (also nach den ersten drei Schritten) ausdrücken, ist Ihre Bitte verhandelbar. Seien Sie also nicht aggressiv, zu fordernd und autoritär und bedrohen oder manipulieren Sie nicht, da Sie bei Ihrem Gesprächspartner damit Angst oder Frustration hervorrufen könnten.

Empfohlene Formulierungen:

„Könntest du den Bericht vor der Mittagspause fertigstellen, damit ich ihn bei meinem Meeting heute Nachmittag mit dem Kunden besprechen kann? So können wir das Projekt früher abschließen."
„Kannst du deine Akten heute einsortieren, damit wir die laufenden Projekte wiederfinden? Damit würden wir sehr viel Zeit sparen."
„Versuchst du bitte, diesen Abwärtstrend bis zum Ende der Woche wieder umzukehren, damit wir keine finanziellen Verluste verzeichnen?"

Damit Ihre Bitte ankommt, sollte sie:

- **aktiv und positiv sein**: Es ist wichtig um das zu bitten, was man möchte, und nicht um das, was man nicht möchte.
- **bewusst und explizit sein**, um Missverständnisse zu vermeiden
- **einfach, eindeutig und präzise sein**, damit sie leicht zu verstehen ist
- **keine autoritären oder fordernden Formulierungen enthalten**, wie beispielsweise „du musst", um zu vermeiden, dass sich der Gesprächspartner unterwirft oder aber auflehnt.

GIRAFFE VS. SCHAKAL

Marshall B. Rosenberg veranschaulicht die verschiedenen Verhaltensweisen gegenüber Gesprächspartnern anhand von zwei Tieren:

- **Die Giraffe** verkörpert die GFK. Sie hat ein großes Herz und hat dank ihrer Größe einen guten Überblick über das, was um sie herum geschieht. Diese beiden Eigenschaften (Wohlwollen und Größe) ermöglichen ihr im Kontext der GFK den nötigen Abstand zu gewinnen, um schwierige Situationen zu analysieren und langfriste Handlungen vorzusehen. Sie ist empathisch, steht ehrlich für sich ein und drückt offen ihre Gefühle aus. Gleichzeitig hört sie auch den anderen zu. Die Giraffe steht damit für die Sprache des Herzens, sie möchte ehrliche und respektvolle Beziehungen zu anderen aufbauen.

- **Der Schakal (oder Wolf)** verkörpert Machtspiele. Er zieht Schlüsse, verurteilt, steckt in Schubladen, drückt Stempel auf und fordert. Dabei neigt er dazu, andere kontrollieren zu wollen, indem er versucht, sie zu manipulieren oder mit ihren Gefühlen zu spielen. Der Schakal steht für Gewalt in einer Beziehung, da seine Sprache auf Urteile, Kritik, Manipulation und Dominanz baut. Sie führt dadurch sehr häufig zu Konfrontationen und Konflikten.

ANWENDUNG VON GEWALTFREIER KOMMUNIKATION

Versuchen Sie sich in die folgenden Situationen hineinzuversetzen, um sich eine genauere Vorstellung davon zu machen, was das Handlungskonzept der Gewaltfreien Kommunikation tatsächlich beinhaltet. Für jede der Situationen werden konkrete Lösungsvorschläge gegeben.

Beispielsituationen

Situation	Angemessenes Verhalten
Ihr Gesprächspartner ist nicht ehrlich.	Bleiben Sie ruhig und stellen Sie Ihrem Gesprächspartner viele Fragen, um ihn zum Reden zu bringen und die Widersprüche in seinen Aussagen ans Licht zu bringen. Sagen Sie ihm, dass sein Verhalten nicht zur Lösungsfindung beiträgt. Geben Sie Ihre Bedürfnisse deutlich zum Ausdruck.
Ihr Gesprächspartner scheint aus allen Wolken zu fallen.	„Tatsächlich? Zwischen uns stimmt etwas nicht? Wenn ich das gewusst hätte…" Entweder stellt sich die Person dumm oder sie lebt in ihrer eigenen Welt. Erklären sie ihr systematisch die Situation, nennen Sie Tatsachen und konkrete Beispiele. Verwenden Sie dabei die Techniken der Gewaltfreien Kommunikation, damit Ihr Gesprächspartner das Problem versteht.
Ihr Gesprächspartner kritisiert Sie pausenlos.	Nehmen Sie die Kritik ruhig auf. Hören Sie Ihrem Gesprächspartner zu und lassen Sie ihn aussprechen, ohne ihm zu widersprechen. Versuchen Sie seine Absichten zu verstehen. Lassen Sie sich aber nicht in Schubladen stecken und bitten Sie um konkrete Beispiele. Nehmen Sie die Kritik, die Ihnen begründet erscheint, an und reagieren Sie auf die Punkte, die in Ihren Augen nicht gerechtfertigt sind.
Ihr Gesprächspartner denkt nicht über seine eigenen Bedürfnisse hinaus.	Er beschwert sich, betont, wie viel er geleistet hat und besteht darauf, dass seinen Bedürfnissen nachgekommen wird, ohne dabei auf Ihre zu achten. Er hört Ihnen nicht zu und er ist nur mit der Lösung zufrieden, die er selbst vorgeschlagen hat. Stören Sie sich nicht daran und bestehen Sie darauf, gemeinsam eine Lösung zu finden. Geben Sie seinem Druck nicht nach, nur weil Sie dann Ihre Ruhe haben. Alternativ können Sie ihm auch zu verstehen geben, dass es zu keiner Lösung kommen wird, wenn Sie beide auf Ihrem persönlichen Standpunkt beharren.

Situation	Angemessenes Verhalten
Ihr Gesprächspartner ist aggressiv.	Behalten Sie einen kühlen Kopf! Hören Sie zu, aber geben Sie nicht klein bei. Nehmen Sie die Zügel in die Hand, indem Sie mit Nachdruck sprechen, ohne jedoch laut zu werden. Versuchen Sie zu erkennen, was hinter dem Verhalten steckt (Unsicherheit, mangelndes Selbstvertrauen, Suche nach Anerkennung etc.). Lassen Sie Ihren Gesprächspartner seiner Wut Luft machen, solange er damit keine Grenze überschreitet. Wenn er Sie beleidigt oder physisch bedroht, sollten Sie das Gespräch unterbrechen. Sobald er sich wieder beruhigt hat, sollten Sie ihm zu verstehen geben, dass Sie nicht sein Feind sind und ehrlich an einer gemeinsamen Lösung des Problems interessiert sind. Sprechen Sie von „wir", um ihn in die Problemlösung miteinzubeziehen.
Ihr Gesprächspartner spielt sich als Moralapostel auf.	Ihr Gesprächspartner verurteilt Sie und zählt ein Prinzip nach dem anderen auf, dem Sie seiner Meinung nach nicht entsprechen. Hinterfragen Sie seine Vorwürfe und reformulieren Sie sie, um ihm zu zeigen, wie kompromisslos und intolerant sein Verhalten ist. Sie können sein Verhalten auch spiegeln und ihn an Ihren Moralvorstellungen messen.
Ihr Gesprächspartner reagiert nicht.	Geben Sie nicht auf, weil Sie denken, dass Hopfen und Malz verloren ist. Dass sich Ihr Gegenüber so verhält, liegt vermutlich daran, dass er Schwierigkeiten beim Kommunizieren hat, seine Gefühle nicht ausdrücken kann oder unentschlossen ist. Stellen Sie Ihrem Gesprächspartner Fragen, beruhigen Sie ihn, ermutigen Sie ihn, sich auszudrücken. Seien Sie herzlich und treten Sie ihm nicht zu nahe, indem Sie versuchen, die Information aus ihm herauszuholen.

Situation	Angemessenes Verhalten
Ihr Gesprächspartner spricht zusammenhangslos.	Ihr Gegenüber hat Schwierigkeiten, seine Gedanken zu ordnen, gibt vor allem leere Worte von sich, kommt vom Thema ab, ist ungeduldig… Bleiben Sie ruhig und verschwenden Sie Ihre Energie nicht unnötig. Führen Sie die Unterhaltung auf die gemeinsamen Ziele und legen Sie Pausen ein, fassen Sie zwischendurch das Gesagte zusammen und heben Sie jeden positiven Vorschlag hervor. Stellen Sie sicher, dass Ihr Gesprächspartner Ihrer Vorgehensweise folgen kann. Beruhigen Sie Ihren Gesprächspartner und zeigen Sie sich selbstsicher.
Ihr Gesprächspartner steigert sich in seine Befürchtungen hinein.	Er dramatisiert die Situation und macht sich selbst Vorwürfe. Helfen Sie ihm, sich wieder auf die Ziele zu konzentrieren, und versuchen Sie, den Konflikt auf eine objektive Basis zurückzubringen. Gehen Sie pragmatisch an das Problem heran, schlagen Sie ihm eine neue Arbeitsweise vor und setzen Sie ihm eine Frist. Zeigen Sie ihm, dass Sie ihm vertrauen und von einer möglichen Lösung überzeugt sind.
Ihr Gesprächspartner lässt Sie nicht zu Wort kommen.	Welches Recht hat Ihr Gesprächspartner, Sie davon abzuhalten, sich frei zu äußern? Versuchen Sie, seinen Standpunkt herauszufinden, indem Sie ihn dazu befragen. Wenn jeder Versuch, ein Gespräch zu beginnen, scheitert, zeigt das, in welchem Ausmaß Ihre Beziehung geschädigt ist. Sie können niemanden dazu zwingen, mit Ihnen zu reden.

ZU VERMEIDENDES VERHALTEN

- **Den Konflikt leugnen**: Wenn Sie so tun, als
wäre nichts, werden Sie entweder hochmü-
tig („Unser Team ist viel zu gut, als dass es
Konflikte geben könnte") oder aber ängstlich
bzw. feige erscheinen („Ich finde Streit schreck-
lich und meide ihn lieber"). Bei einem solchen
Verhalten ist die Wahrscheinlichkeit hoch,
dass der Konflikt später wieder aufkommen
wird. Ihn zu akzeptieren, ist der erste Schritt
zur Schlichtung.
- **Bei einem Konflikt aufgeben**: Wenn Sie aufgeben, zeigt dies mangelndes Selbstvertrauen
oder einen schwachen Charakter, weil Sie sich
scheuen, in einen Konflikt einzugreifen. Die
Wahrscheinlichkeit ist hoch, dass die Personen

in Ihrem Umfeld Sie als zu nett wahrnehmen, wodurch Sie sich in eine unvorteilhafte Position bringen, um den Konflikt zu lösen.

- **Physische oder psychische Gewalt anwenden**: Damit könnten Sie den Eindruck vermitteln, dominieren zu wollen und am Konflikt Gefallen zu finden. Eine gewaltsame Begegnung wird den Konflikt jedoch nur weiter verschärfen, da Gewalt zu Verärgerung und dem Wunsch nach Vergeltung führt.
- **Werten bzw**. **verurteilen**: Dies kann Ihren Gesprächspartner verletzen und den Dialog beenden. Bleiben Sie daher neutral und stützen Sie sich auf Fakten. Anstatt beispielsweise zu sagen: „Du bringst dich nicht ein", sollten Sie lieber sagen: „Ich habe den Eindruck, dass du bei den letzten Aufgaben, die ich dir aufgetragen habe, wenig motiviert warst."

TOP TIPPS

- Bleiben Sie ruhig und offen für das Gespräch.
- Stellen Sie die Ursache für den Konflikt bzw. die Meinungsverschiedenheit fest.
- Sprechen Sie von der Situation und benutzen Sie dabei „ich" statt „du". Verwenden Sie eher Formulierungen wie „Ich fühle mich bei dieser Aufgabe nicht unterstützt" anstelle von „Nie hilfst du mir." Sprechen Sie von „wir", wenn Sie Lösungsvorschläge machen.
- Machen Sie sich Ihre Gefühle bewusst und drücken Sie sie aus. Dabei sollten Sie auf die Wörter achten, die Sie dafür verwenden, da es sein kann, dass diese nicht explizit Gefühle beschreiben. Viele Menschen tendieren nämlich dazu, Formulierungen wie „Ich habe das Gefühl, dass..." zu verwenden. Diese drücken jedoch eine Interpretation des Verhaltens der anderen Person aus. Anstatt also zu sagen: „Ich habe das Gefühl, dass du mich im Stich lässt", sollten Sie lieber sagen: „Ich fühle mich im Stich gelassen und das macht mich traurig."

- Gestehen Sie sich Ihre Sorgen während des Gesprächs ein und drücken Sie sie aus. Häufig überspielen wir sie, was allerdings dazu führt, dass wir unsere wahren Bedürfnisse nicht erkennen und keine Lösungen finden.
- Begründen und erklären Sie Ihre Bedürfnisse, damit sie von Ihrem Gesprächspartner verstanden werden. Zum Beispiel: „Ich möchte, dass du pünktlich kommst, weil ich dein Zuspätkommen als mangelnden Respekt empfinde.“
- Seien Sie wohlwollend und hören Sie Ihrem Gegenüber zu.
- Verhandeln Sie konkretes, praktisches Vorgehen, von dem alle Beteiligten profitieren.
- Formulieren Sie Ihre Bitte eindeutig, ohne jedoch Befehle zu erteilen. Anstatt beispielsweise zu sagen: „Ich will, dass du ab morgen alle Akten einsortierst“, sollten Sie sagen: „Könntest du dich ab morgen um das Einsortieren der Akten kümmern?“

ACHTUNG

Die folgenden Voraussetzungen müssen gegeben sein, damit GFK wirklich erfolgreich ist:

- Sie hören Ihrem Gesprächspartner aufmerksam zu.
- Sie möchten den Dialog und die Zusammenarbeit verbessern.

FAQ

WAS IST GEWALTFREIE KOMMUNIKATION?

Bei Gewaltfreier Kommunikation handelt es sich um einen Kommunikationsprozess, der auf Empathie und Respekt gegenüber sich selbst und anderen beruht. GFK fördert das Verständnis und die Akzeptanz der übermittelten Botschaften und schafft zwischen den beiden Gesprächspartnern eine wohlwollende und tolerante Atmosphäre. Gewaltfreie Kommunikation besteht aus einer Kombination aus einer bestimmten Ausdrucksweise, Körpersprache, Denkweise und Kommunikationsart. Jeder sollte dabei die Tatsachen beobachten können, ohne sie zu werten, seine Gefühle von seiner Auslegung der Situation unterscheiden und seine unterbewussten Bedürfnisse kennen, um so eine konkrete, erfüllbare Bitte zu formulieren, von der jeder einzelne und das Unternehmen profitiert.

WIE KANN MIR GEWALTFREIE KOMMUNIKATION HELFEN?

Das Ziel von Gewaltfreier Kommunikation ist, Konflikte in zwischenmenschlichen Beziehungen auf positive und konstruktive Weise mithilfe von Empathie, Mitgefühl, und respektvollem Umgang zu schlichten. Indem man sich selbst und den anderen besser versteht, gewinnt man an Selbstvertrauen und Wohlbefinden. Zudem verhindert eine effektive Kommunikation im Unternehmen Machtspiele und Rivalitäten, während sie gleichzeitig die Zusammenarbeit stärkt. Das ganze Team und dessen Leistung profitiert von dieser Methode, die ebenfalls bei der Burnout-Prävention eingesetzt wird.

IST GEWALTFREIE KOMMUNIKATION NUR IN KONFLIKTSITUATION NÜTZLICH?

Sie können Gewaltfreie Kommunikation auf zwei Weisen einsetzen:

- für die Kommunikation mit Ihnen selbst, um zu verstehen, was in Ihnen vorgeht. Es handelt sich hier um Selbstempathie.

- für die Kommunikation mit anderen, um Konfliktsituationen zu schlichten

Im ersten Fall besteht GFK darin, dass Sie sich Ihres „Seins", Ihres „Wissens", Ihrer Gefühle, Ihrer Bedürfnisse und Ihrer Werte bewusst werden, handeln und sich selbst behaupten. Dabei respektieren Sie sich selbst und nehmen in Kauf, dass andere Sie missverstehen könnten. Im zweiten Fall handelt es sich um gegenseitige Empathie und Respekt, die zu soliden, positiven professionellen Beziehungen führen.

WIE KANN ICH GEWALTFREIE KOMMUNIKATION EINSETZEN?

Um die Methode bestmöglich anzuwenden, sollten Sie die vier Schritte befolgen, aus denen sie sich zusammensetzt:

- Tatsachen und Verhaltensweisen beobachten
- empfundene Gefühle erkennen und ausdrücken
- Bedürfnisse und Befürchtungen aller anerkennen und ausdrücken
- Bitten und Vorgehensweisen deutlich formulieren

AN WEN RICHTET SICH GEWALTFREIE KOMMUNIKATION?

Gewaltfreie Kommunikation richtet sich an jeden, der seine Beziehung mit sich selbst oder anderen verbessern möchte – sei es privat oder beruflich. Die Methode erweist sich als besonders hilfreich, wenn man Schwierigkeiten hat, seine Gefühle zu kontrollieren oder aggressiv auf Konflikte reagiert.

WELCHE AUSWIRKUNGEN KANN GEWALTFREIE KOMMUNIKATION AUF MEINEN BERUFSALLTAG HABEN?

Die Vorteile von Gewaltfreier Kommunikation in Unternehmen sind zahlreich:

- Verbesserung der professionellen Beziehungen
- Stärkung der Zusammenarbeit zwischen Kollegen
- neue Motivation der Teams
- Stressreduzierung
- Stärkung des Selbstvertrauens und der Selbstbehauptung

JETZT SIND SIE GEFRAGT!

Bevor Sie Gewaltfreie Kommunikation einführen, sollten Sie sich zunächst darüber bewusst werden, wie Sie aktuell funktionieren, um herauszufinden, welche Punkte Ihre Aufmerksamkeit verdienen und verbessert werden können. Setzen Sie anschließend die in den vorigen Kapiteln beschriebene Methode um. Drücken Sie Ihre Empfindungen und Bedürfnisse aus, aber bleiben Sie dabei diplomatisch.

AUFGABE 1 – BESTANDSAUFNAHME

Wie verhalten Sie sich, wenn Sie mit einer anderen Person nicht einer Meinung sind? Kreuzen Sie an, welche Reaktion auf Sie zutrifft.

	Häufig	Selten	Nie
Ich versuche meinen Gesprächspartner zu dominieren.			
Ich versuche, mit meinem Gesprächspartner einen Kompromiss zu finden.			
Ich mache mich über meinen Gesprächspartner lustig, ich lache und scherze.			
Ich schweige und wende mich ab.			
Ich meide das Problem.			
Ich gebe meinem Gesprächspartner zu verstehen, dass ich sein Verhalten nicht in Ordnung finde.			
Ich bitte eine andere Person um Hilfe.			
Ich bitte eine andere Person um Rat.			
Ich bedrohe, ich erpresse.			
Ich greife meinen Gesprächspartner verbal an.			
Ich drücke meine Gefühle aus (Schmerz, Traurigkeit, Wut)			
Ich gebe nach und lasse den anderen gewinnen.			
Ich verschiebe eine Entscheidung auf später.			
Ich möchte sofort eine Lösung finden.			
Ich antworte schlagfertig und weise meinen Gesprächspartner auf seinen Platz zurück.			
Ich weine oder jammere.			
Ich sage nichts und weine leise in der Ecke.			
Ich werde wütend und finde die Situation ungerecht.			

AUFGABE 2 – ANWENDUNG DER GFK

Sie befinden sich in einem Konflikt mit einer anderen Person. Beantworten Sie die folgenden Fragen:

- Welches Ereignis führt dazu, dass Sie bzw. Ihr Gegenüber das Gespräch sucht? Beschreiben Sie die Tatsachen objektiv.
- Wie fühlen Sie sich? Stellen Sie fest, was Sie und Ihr Gegenüber fühlen.
- Welche Bedürfnisse zeigen sich durch diese Gefühle? Vermeiden Sie Vorwürfe und blocken Sie nicht alles ab.
- Welche konkreten Verhaltensweisen wünschen Sie und Ihr Gegenüber sich vom jeweils anderen? Was sind Sie bereit zu tun, damit sich die Situation regelt? Drohen Sie nicht, erteilen Sie keine Befehle und manipulieren Sie nicht.

AUFGABE 3 – SELBSTBEWERTUNG

Füllen Sie die folgende Tabelle aus:

GFK-Selbstbewertung

Ich kann...	ja	nein	ausbaufähig
... Konflikte ruhig angehen.			
... mich ehrlich ausdrücken.			
... beobachten, werten und auswerten.			
... mich selbstbehaupten, indem ich meine Empfindungen und Bedürfnisse mitteile.			
... eine eindeutige, konkrete und realistische Bitte formulieren.			
... auch schwierige Gespräche mit meinem Gegenüber suchen.			
... mein Gegenüber zum Gespräch auffordern.			
... akzeptieren, was mein Gesprächspartner sagt.			
... meinem Gesprächspartner empathisch zuhören.			
... die Bitte meines Gesprächspartners aufnehmen.			
... mich an die Reaktionen meines Gesprächspartners anpassen.			
... zwischen der Person und ihrem Verhalten unterscheiden.			
... physischer und psychischer Gewalt entgegentreten.			

*Ihre Meinung ist uns wichtig!
Hinterlassen Sie doch einen Kommentar auf der
Seite unserer Online-Buchhandlung
und teilen Sie Ihre Favoriten in den sozialen
Netzwerken!*

DARÜBER HINAUS

LITERATURVERZEICHNIS

- Rosenberg, Marshall B.: *Konflikte lösen durch Gewaltfreie Kommunikation. Ein Gespräch mit Gabriele Seils*. Herder: Freiburg im Breisgau 2012.

- Rosenberg, Marshall B.: *Die Sprache des Friedens sprechen – in einer konfliktreichen Welt*. Aus dem Englischen von Susann Pásztor. Junfermann: Paderborn 2006.

WEITERFÜHRENDE LITERATUR

- Brüggemeier, Beate: *Wertschätzende Kommunikation im Business. Wer sich öffnet, kommt weiter*. Junfermann: Paderborn 2010.

- D'Ansembourg, Thomas: *Endlich ICH sein. Wie man mit anderen zusammenleben und gleichzeitig man selbst bleiben kann*. Aus dem Französischen von Mechthild Ochsenmeier und Stefanie Windfelder. Herder: Freiburg im Breisgau 2015.

- Van Stappen, Anne: *Warum gehen, wenn du tanzen kannst*. Aus dem Französischen von Hanna van Laak. Goldmann: München 2011.

MEHR AUF 50MINUTEN.DE

- Banderier, Stéphanie: *Endlich ICH sein von Thomas d'Ansembourg (Zusammenfassung & Analyse).* *Authentizität statt Selbstaufgabe.* Aus dem Französischen von Mareike Lobeck. Plurilingua Publishing: Brüssel 2018.

www.50Minuten.de

ISBN digitale Ausgabe: 9782808013963

ISBN gedruckte Ausgabe: 9782808013970

Pflichtexemplar: D/2018/12603/457

Cover: © Plurilingua

Digitale Aufbereitung: Primento, der digitale Partner der Herausgeber